ISBN : 978-2-7540-5934-3
Dépôt légal : mars 2014
Imprimé en Italie par Ercom
Direction éditoriale : Aurélie Starckmann
Édition : Marguerite Mignon-Quibel

Photos : © Amélie Roche, © Jean Bono, © Philippe Vaurès-Santamaria,
© Guillaume Czerw, © Julie Méchali, © Denys Clément, (c) Martin Balme
Conception graphique et couverture : Joséphine Cormier
Maquette intérieure : Istria

Éditions First, un département d'Édi8,
12, avenue d'Italie
75013 Paris
Tél : 01 44 16 09 00
Fax : 01 44 16 09 01
Email : firstinfo@efirst.com
Site Internet : www.editionsfirst.fr

IL FAIT **BON** AUJOURD'HUI !

RECETTES
POUR JOURS DE PLUIE

FIRST
Éditions

SOMMAIRE

GALETTES OEUF, JAMBON, FROMAGE

bon marché
facile à réaliser
pour 6 personnes
préparation : 10 min - cuisson : 25 min

USTENTSILES

1 planche à découper
1 couteau bien aiguisé
1 grande poêle
1 spatule

INGRÉDIENTS

6 galettes de sarrasin
6 œufs
6 tranches de jambon blanc
200 g de fromage râpé
100 g de beurre
sel
poivre

Découpez le jambon en lanières.

Posez la poêle sur feu moyen et faites-y fondre un peu de beurre.

Dépliez la galette et déposez-la dans la poêle. Saupoudrez de fromage, laissez fondre, puis ajoutez quelques lanières de jambon et cassez 1 œuf par-dessus. Salez légèrement et poivrez. Quand le blanc vous semble suffisamment cuit, utilisez une spatule pour replier les bords de la galette vers le centre, en faisant attention de ne pas « casser » le jaune d'œuf.

Servez immédiatement. Répétez l'opération pour les autres galettes.

VARIANTE

Vous pouvez réaliser ces crêpes en ajoutant de petits champignons blancs émincés.

TRUC DE CUISINIER

Variez le temps de cuisson pour obtenir une crêpe plus ou moins croquante ou un œuf plus ou moins cuit.

VELOUTÉ DE CHÂTAIGNES

bon marché
très facile à réaliser
pour 6 personnes
préparation : 10 min - cuisson : 25 min

USTENSILES

1 grande casserole
1 râpe
1 mixeur plongeant

INGRÉDIENTS

600 g de châtaignes surgelées
1 oignon
20 g de beurre
2 cubes de bouillon
de volaille
50 cl de lait
poivre - noix muscade

Pelez et émincez l'oignon. Faites-le revenir dans une casserole avec le beurre. Ajoutez les châtaignes et les cubes de bouillon.

Arrosez de lait et de 50 cl d'eau. Assaisonnez de poivre et râpez 1 pincée de noix muscade. Portez à ébullition. Mélangez, baissez le feu et laissez cuire à petits frémissements pendant environ 25 minutes.

Vérifiez la cuisson : les châtaignes doivent être bien tendres.
Prélevez-en 3 cuillerées à soupe. Mixez le reste de la soupe et vérifiez l'assaisonnement.

Servez ce velouté bien chaud, parsemé des brisures de châtaignes réservées.

VARIANTE

Si vous utilisez des châtaignes conditionnées sous-vide ou en bocal, réduisez la cuisson de 10 minutes. Au moment de servir, vous pouvez ajouter 10 cl de crème fouettée.

TRUC DE CUISINIER

Ce velouté ne contient pas de sel en raison des cubes de bouillon qui sont déjà salés. Avant de servir, goûtez et rectifiez éventuellement l'assaisonnement.

CRÈME DE CHAMPIGNONS AUX COURGETTES CRAQUANTES

bon marché
facile à réaliser
pour 6 personnes
préparation : 20 min - cuisson : 10 min

USTENSILES

1 casserole
1 poêle
1 mixeur plongeant
6 petits bols

INGRÉDIENTS

350 g de champignons de Paris
1/2 oignon
20 g de beurre
10 cl de crème liquide
10 cl de lait
1 courgette bien ferme
1 poignée de roquette
3 cuil. à soupe d'huile d'olive
1 trait de vinaigre balsamique
1 trait de sauce soja
curry
sel fin
poivre

Émincez finement le demi-oignon. Lavez les champignons de Paris, coupez la base du pied et émincez-les grossièrement. Dans une casserole, faites revenir au beurre et sans coloration l'oignon. Ajoutez les champignons. Salez et poivrez. Laissez cuire à couvert et à feu doux pendant 5 minutes. Ajoutez la crème et le lait. Laissez frémir encore 5 minutes.

Débarrassez la soupe dans le bol du mixeur plongeant. Mixez-la finement. Rectifiez la consistance avec un peu de lait. Réservez cette crème de champignons au chaud.

Découpez la courgette en tronçons de 4 cm de long. Taillez des bâtonnets dans le vert de la courgette. Faites chauffer un peu d'huile d'olive dans une poêle, puis revenir rapidement les bâtonnets dans la graisse chaude. Assaisonnez-les de sel et de curry.

Préparez une petite vinaigrette composée de 2 cuillerées à soupe d'huile d'olive, d'un trait de vinaigre balsamique et d'un trait de sauce soja. Répartissez la crème de champignons bien chaude dans les bols. Ajoutez quelques bâtonnets de courgette, quelques feuilles de roquette et un trait de vinaigrette.

VARIANTE
Remplacez la roquette par de jeunes pousses germées comme l'alfalfa.

TRUC DE CUISINIER
Ne faites surtout pas trop cuire les bâtonnets de courgette : il faut les garder craquants.

VELOUTÉ DE CAROTTES AU FROMAGE FRAIS ET CUMIN

bon marché
très facile à réaliser
pour 4 personnes
préparation : 15 min - cuisson : 30 min

USTENSILES

1 casserole
1 mixeur plongeant
4 bols

INGRÉDIENTS

350 g de carottes
1 pomme de terre
1/2 oignon
1/2 blanc de poireau
30 g de beurre
80 cl d'eau
150 g de fromage frais
1 cuil. à soupe de fines herbes
1 feuille de laurier
cumin moulu
gros sel
sel fin

Épluchez les légumes. Émincez finement les carottes, l'oignon et le blanc de poireau. Découpez la pomme de terre en petits dés.

Dans une casserole, faites revenir au beurre à feu doux et sans coloration les carottes, l'oignon et le blanc de poireau. Versez l'eau froide. Ajoutez un peu de gros sel et la feuille de laurier. Portez le tout à ébullition. Laissez frémir à couvert pendant 30 minutes.

Retirez la feuille de laurier. Mixez la soupe. Ajoutez 80 g de fromage frais. Mixez à nouveau ce velouté et rectifiez l'assaisonnement.

Mélangez le reste du fromage frais avec les fines herbes, une pincée de sel fin et du cumin. Confectionnez 4 belles quenelles. Répartissez le velouté de carottes bouillant, puis les quenelles dans les bols. Servez aussitôt.

VARIANTE
Utilisez du fromage frais de chèvre pour une soupe encore plus originale.

TRUC DE CUISINIER
Ne lavez pas une pomme de terre découpée. Vous conservez ainsi l'amidon pour une soupe plus épaisse.

CAPPUCCINO DE COURGE BUTTERNUT À LA CARDAMOME

coût peu élevé
facile à réaliser
pour 4 personnes
préparation : 20 min - cuisson : 35 min

USTENSILES

1 casserole
1 saladier
1 fouet électrique
1 mixeur plongeant
1 poche à douille cannelée
4 tumblers (tasses isothermes)

INGRÉDIENTS

500 g de courge butternut
1 oignon
1 blanc de poireau
80 cl de bouillon de volaille
1 feuille de laurier
10 cl de crème liquide
3 cuil. à soupe d'huile d'olive
2 pincées de cardamome moulue
sel fin

Épluchez la courge et découpez-la en gros dés. Émincez l'oignon et le blanc de poireau. Dans une casserole, faites suer à l'huile d'olive ces légumes. Ajoutez le bouillon de volaille et la feuille de laurier. Portez le tout à ébullition. Laissez frémir à couvert pendant 30 à 35 minutes.

Retirez la feuille de laurier. Mixez la soupe de courge à l'aide d'un petit mixeur plongeant. Salez si nécessaire.

Versez la crème liquide dans un saladier bien froid. Mixez-la à l'aide d'un fouet électrique. Ajoutez une pincée de sel fin et la cardamome moulue. Remplissez une poche à douille cannelée avec cette crème fouettée.

Répartissez la soupe dans les tumblers aux trois quarts de la hauteur. Décorez avec une belle rosace de crème fouettée à la cardamome. Saupoudrez encore de cardamome moulue pour décorer.

VARIANTE

Servez ce cappuccino dans des tasses transparentes.

TRUC DE CUISINIER

Si vous ne trouvez pas de courge butternut, utilisez une autre variété de courge à chair orangée.

SOUPE DE POTIRON AU FROMAGE FRAIS ET CIBOULETTE

USTENTSILES 1 grande casserole • 1 mixeur plongeant • 4 tasses
INGRÉDIENTS 400 g de pulpe de potiron • 1/2 oignon • 20 g de beurre • 40 cl de bouillon de volaille corsé • 4 carrés de fromage frais (4 x 25 g) • 1 feuille de laurier • sel fin • quelques brins de ciboulette

Détaillez la pulpe de potiron en cubes. Émincez finement le demi-oignon.

Dans une grande casserole, faites revenir au beurre et sans coloration l'oignon émincé. Mouillez avec le bouillon de volaille. Ajoutez les cubes de potiron et la feuille de laurier. Portez le tout à ébullition. Laissez cuire doucement pendant 20 minutes et à couvert. Écumez si nécessaire.

Retirez la feuille de laurier. Mixez la soupe à l'aide d'un mixeur plongeant. Ajoutez la moitié de fromage frais, mixez à nouveau et rectifiez l'assaisonnement. Versez le velouté de potiron dans les tasses. Parsemez du reste de fromage frais découpé en petits morceaux et de ciboulette finement hachée.

POTAGE LÉGER DE POMMES DE TERRE ET POIREAUX

USTENTSILES 1 grande casserole • 1 mixeur plongeant • 4 gobelets
INGRÉDIENTS 500 g de pommes de terre • 1 blanc de poireau • 20 g de beurre • 1 l d'eau • 100 g de fromage frais • 1 feuille de laurier • sel fin

Épluchez les pommes de terre et coupez-les en petits quartiers. Lavez le blanc de poireau, fendez-le en deux, émincez-le finement. Dans une grande casserole, faites suer au beurre le poireau émincé. Ajoutez le litre d'eau froide, les pommes de terre, du sel fin et la feuille de laurier.

Portez le tout à ébullition. Laissez cuire doucement à couvert pendant 30 à 35 minutes. Retirez la feuille de laurier. Ajoutez le fromage frais et mixez le potage à l'aide d'un mixeur plongeant.

CRÈME DE LENTILLES CORAIL AU LAIT DE COCO

bon marché
facile à réaliser
pour 4 personnes
préparation : 20 min - cuisson : 45 min

USTENSILES

1 casserole

1 mixeur plongeant

4 bols

INGRÉDIENTS

300 g de lentilles corail

1 l d'eau

1 oignon

1 blanc de poireau

1 carotte

1 gousse d'ail

50 g de beurre

1 feuille de laurier

2 cuil. à soupe de crème épaisse

8 cl de crème de coco

piment rouge en poudre

gros sel

Lavez soigneusement les lentilles corail. Émincez finement l'oignon, le blanc de poireau et la carotte. Dégermez la gousse d'ail.

Dans une grande casserole, faites fondre le beurre. Ajoutez l'oignon, le blanc de poireau et la carotte émincés. Laissez suer un peu. Versez par-dessus le litre d'eau froide. Ajoutez les lentilles égouttées, la gousse d'ail et la feuille de laurier. Ne salez pas. Faites frémir le tout et laissez cuire à couvert pendant 35 à 40 minutes. Salez en fin de cuisson, puis retirez la feuille de laurier et la gousse d'ail.

Mixez cette soupe de lentilles à l'aide d'un petit mixeur plongeant. Ajoutez la crème épaisse et mélangez bien. Salez si nécessaire.

Répartissez cette crème de lentille corail dans les bols. Dessinez un tourbillon en versant un trait de crème de coco à la surface de la soupe. Saupoudrez la crème de coco de poudre de piment rouge.

VARIANTE

Ajoutez quelques croûtons de pain séchés et épicés au curry.

TRUC DE CUISINIER

Le piment va apporter une note supplémentaire de saveur et de couleur à ce plat.

bon marché
très facile à réaliser
pour 4 personnes
préparation : 15 min - cuisson : 20 min

bon marché
très facile à réaliser
pour 4 personnes
préparation : 15 min - cuisson : 35 min

SOUPE GRATINÉE À L'OIGNON

USTENTSILES 1 grande casserole • 1 grille-pain • 4 bols
INGRÉDIENTS 400 g d'oignons • 40 g de beurre • 20 g de farine • 1 l de bouillon de volaille • 125 g de gruyère râpé • poivre • 4 tranches de pain

Épluchez et émincez finement les oignons. Dans une grande casserole, faites fondre le beurre. Ajoutez les oignons émincés avec une pincée de poivre, et laissez-les cuire jusqu'à une légère coloration. Incorporez la farine en pluie. Mélangez bien, versez le bouillon de volaille. Portez le tout à ébullition et faites cuire, à feu doux, pendant une vingtaine de minutes. Rectifiez l'assaisonnement de la soupe.

Faites griller 4 tranches de pain. Versez la soupe à l'oignon dans les bols. Posez par-dessus les tranches de pain, puis une bonne couche de gruyère râpé. Faites gratiner dans un four bien chaud ou sous la salamandre du four.

POTAGE PARMENTIER AUX PETITS CROÛTONS

USTENTSILE 1 poêle • 1 grande casserole • 1 mixeur plongeant • 4 bols INGRÉDIENTS 600 g de pommes de terre • 1 blanc de poireau • 20 g de beurre • 1 l d'eau • 10 cl de crème liquide • 1 feuille de laurier • 4 tranches de pain de mie • 2 cuil. à soupe d'huile • 4 pluches de cerfeuil • sel fin

Détaillez les tranches de pain de mie en petits dés réguliers. Faites chauffer un peu d'huile dans une poêle. Colorez les croûtons de pain en les retournant régulièrement dans la graisse chaude. Épluchez les pommes de terre et coupez-les en petits quartiers. Lavez le blanc de poireau, fendez-le en deux et émincez-le finement.

Dans une grande casserole, faites suer au beurre le poireau émincé. Ajoutez l'eau froide, les quartiers de pommes de terre, du sel fin et la feuille de laurier. Portez le tout à ébullition. Laissez cuire doucement à couvert pendant 30 à 35 minutes. Retirez la feuille de laurier. Ajoutez la crème liquide et mixez le potage à l'aide d'un mixeur plongeant. Rectifiez l'assaisonnement. Servez ce potage dans les bols avec des petits croûtons de pain de mie. Décorez avec un trait d'huile et une pluche de cerfeuil.

OEUFS COCOTTE AUX LANIÈRES DE JAMBON BLANC

coût peu élevé
pour 4 personnes
facile à réaliser
préparation : 10 min - cuisson : 12 min

USTENSILES

4 mini-cocottes
1 cocotte
1 bain-marie (plat à gratin)

INGRÉDIENTS

4 œufs extra-frais
1 tranche de jambon blanc
1 cuil. à soupe d'huile d'olive
6 cl de crème liquide
8 tomates cerise
4 feuilles de basilic
4 tranches de pain de mie
sel fin - poivre du moulin

24

ENTRÉES

Préchauffez le four à 180 °C (th. 6). Déposez-y le bain-marie rempli à mi-hauteur d'eau bouillante.

Taillez la tranche de jambon blanc en fines lanières. Coupez les tomates cerise en quartiers.

Répartissez, dans chaque mini-cocotte, un peu d'huile d'olive, les lanières de jambon blanc, les quartiers de tomates cerise et une feuille de basilic. Cassez dessus 1 œuf par cocotte. Versez un cordon de crème autour de l'œuf. Assaisonnez de sel fin et de poivre du moulin.

Déposez les cocottes dans le bain-marie bouillant. Laissez cuire 10 à 12 minutes dans le four. Toastez les tranches de pain de mie, puis découpez-les en mouillettes. Servez aussitôt les œufs cocotte et les mouillettes.

VARIANTE

Si les tomates cerise sont très petites, vous pouvez les garder entières, mais il faudra les rouler préalablement pendant 1 minute dans une petite poêle avec un peu d'huile d'olive bien chaude.

TRUC DE CUISINIER

Pour une entrée plus copieuse, n'hésitez pas à doubler le nombre d'œufs.

RIZ CANTONAIS

DHAL DE LENTILLES CORAIL AU LAIT DE COCO

USTENTSILES 1 casserole • 1 poêle • 1 planche • 1 couteau • 1 passoire • 1 bol • 1 fourchette • 1 saladier INGRÉDIENTS 200 g de riz • 2 œufs • 2 tranches de jambon (ou dés de jambon) • 200 g de petits pois surgelés • 1 c. à s. d'huile • sauce soja • sel • poivre

Cassez les œufs dans un bol et fouettez-les avec une fourchette. Salez et poivrez. Faites chauffer l'huile dans une petite poêle. Versez les œufs. Faites cuire pendant 3 minutes. Roulez l'omelette, coupez-la en lanières et réservez.

Faites cuire le riz avec les petits pois 10 minutes dans de l'eau bouillante salée. Égouttez. Roulez les tranches de jambon et taillez-les en lanières.

Dans un saladier, mélangez le riz avec les petits pois, le jambon et les morceaux d'omelette. Servez accompagné de sauce soja.

USTENTSILES 1 couteau • 1 planche • 1 casserole • 1 cuillère en bois INGRÉDIENTS 100 g de lentilles corail • 20 cl de lait de coco • 1 oignon • 1 gousse d'ail • 1 c. à s. de citronnelle congelée • 1 c. à c. de gingembre râpé • 1 petite boîte de tomates pelées (425 g) • 1 c. à s. d'huile • 4 c. à s. de coriandre ciselée • sel • poivre

Épluchez et hachez l'oignon et l'ail. Faites-les revenir 3 minutes dans une casserole avec l'huile. Quand ils sont translucides, ajoutez les tomates avec leur jus. Écrasez-les grossièrement avec une cuillère en bois.

Mettez alors les lentilles, la citronnelle, le gingembre, puis versez 1 l d'eau.

Laissez mijoter pendant 20 minutes. Surveillez la cuisson des lentilles, la variété corail cuit très vite. 3 minutes avant la fin de cuisson, ajoutez le lait de coco et la coriandre, salez et poivrez. Servez bien chaud.

bon marché
facile à réaliser
pour 4 personnes
préparation : 10 min - cuisson : 13 min

bon marché
facile à réaliser
4 personnes
préparation : 10 min - cuisson : 25 min

TARTE AUX BROCOLIS ET AU SAUMON

bon marché
facile à réaliser
pour 6 personnes
préparation : 20 min - cuisson : 55 min

USTENSILES

1 casserole
1 passoire
1 moule à tarte
papier cuisson
légumes secs

INGRÉDIENTS

1 pâte feuilletée
400 g de brocolis surgelés
2 pavés de saumon surgelés
1 sachet de court-bouillon
1 briquette de beurre blanc
farine - poivre
10 g de beurre

Faites cuire les brocolis pendant 10 minutes dans de l'eau bouillante salée. Égouttez-les et rafraîchissez-les immédiatement dans de l'eau glacée. Réservez.

Délayez le sachet de court-bouillon dans 1 l d'eau. Portez à ébullition. Plongez-y les pavés de saumon. Couvrez. Hors du feu, laissez les pavés pocher pendant 10 minutes. Préchauffez le four à 180 °C (th. 6).

Étalez la pâte feuilletée sur le plan de travail fariné. Foncez-en un moule à tarte beurré. Piquez le fond à la fourchette. Recouvrez de papier cuisson et de légumes secs. Faites cuire à blanc pendant 15 minutes.

Garnissez le fond de pâte précuit et débarrassé de son lestage de brocolis et de saumon émietté. Recouvrez de beurre blanc. Enfournez pour 20 minutes. Servez chaud.

VARIANTE

Remplacez les brocolis par 300 g d'épinards. Dans ce cas, mélangez-les à 3 cuillerées à soupe de crème fraîche.

TRUC DE CUISINIER

Choisissez une pâte feuilletée pur beurre et sous forme de pâton, vous pouvez ainsi l'étaler à la forme souhaitée.

FILET DE BOEUF EN CROÛTE

coût élevé
facile à réaliser
pour 6 personnes
préparation : 20 min - repos : 2 h
cuisson : 30 min

USTENSILES

1 poêle
1 bol
1 plat à four
1 pinceau

INGRÉDIENTS

1 filet de bœuf de 800 g sans la barde
1 rouleau de pâte feuilleté
quelques brins de persil
1 gousse d'ail
1 jaune d'œuf
2 cuil. à soupe d'huile d'olive
sel - poivre

Faites chauffer l'huile dans une poêle. Saisissez-y le rôti sur toutes les faces. Salez, poivrez. Laissez reposer pendant 2 heures.

Préchauffez le four à 210 °C (th. 7).

Lavez, séchez et effeuillez le persil. Hachez-le avec la gousse d'ail pelée. Tartinez-en le rôti, puis enveloppez-le de pâte feuilletée. Soudez bien les bords.

Délayez le jaune d'œuf dans un bol avec un peu d'eau. Avec un pinceau, badigeonnez-en la pâte.

Enfournez pour 25 minutes. Si la pâte dore trop vite, recouvrez-la de papier aluminium. Laissez reposer 10 minutes dans le four éteint avant de servir.

VARIANTE

Remplacez la pâte feuilletée par de la pâte à pain.

TRUC DE CUISINIER

Si la pâte est trop grande, coupez le surplus et utilisez ces chutes pour découper des étoiles que vous « collerez » sur la pâte avec de l'œuf battu.

PARMENTIERS VIOLETS AU CONFIT DE CANARD

coût élevé
facile à réaliser
pour 4 personnes
préparation : 25 min - cuisson : 35 min

USTENSILES

1 casserole
1 poêle
1 plat allant au four
1 presse-purée
1 mixeur
4 cercles
1 assiette allant au four

INGRÉDIENTS

2 cuisses de confit
de canard
800 g de pommes
de terre à purée
1 petite betterave cuite
2 échalotes
1 cuil. à soupe de persil plat
ciselé
10 cl de lait
25 g de beurre
sel - poivre
noix muscade

Pelez et coupez en morceaux les pommes de terre. Faites-les cuire pendant 25 minutes dans de l'eau bouillante. Préchauffez le four à 150 °C (th. 5). Égouttez les cuisses de canard confites et déposez-les dans un plat allant au four. Enfournez pour 5 à 10 minutes, juste le temps de faire fondre la graisse qui les entoure.

Égouttez les cuisses de canard. Retirez la peau, désossez-les et effilochez la chair. Pelez et émincez les échalotes. Dans une poêle, faites revenir le confit avec les échalotes et le persil pendant 5 minutes. Maintenez au chaud.

Égouttez les pommes de terre et écrasez-les avec un presse-purée. Mixez la betterave, mélangez-la avec le lait et faites chauffer. Versez ce mélange à la betterave dans la purée de pommes de terre avec le beurre. Assaisonnez de sel, poivre et noix muscade.

Posez un cercle dans une assiette de service. Remplissez-le de purée aux 2/3, recouvrez de confit. Montez ainsi les autres parmentiers. Passez 1 minute sous le gril du four. Retirez les cercles juste avant de servir.

VARIANTE

Utilisez des pommes de terre anciennes de la variété vitelotte, la purée sera ainsi naturellement violette.

TRUC DE CUISINIER

Ajustez la quantité de betterave, elle doit colorer la purée mais ne pas la rendre trop liquide.

GRATIN DE SAINT-JACQUES ET CREVETTES AU LAIT DE COCO

coût élevé
assez facile à réaliser
pour 4 personnes
préparation : 20 min - cuisson : 20 min

USTENSILES

4 mini-cocottes
1 casserole
1 saladier
1 poêle antiadhésive

INGRÉDIENTS

8 noix de Saint-Jacques
12 crevettes bouquet décortiquées
500 g d'épinards frais
50 g de beurre
15 cl de lait de coco non sucré
15 cl de crème épaisse
2 jaunes d'œufs
80 g de gruyère
curry
sel fin - poivre du moulin

Équeutez, lavez puis égouttez soigneusement les épinards frais. Faites fondre dans une grande casserole 30 g de beurre. Ajoutez les épinards dans la graisse chaude. Remuez un peu. Salez et poivrez. Ajoutez un filet d'eau et laissez cuire à couvert quelques minutes. Vérifiez la cuisson des épinards, puis égouttez-les de nouveau.

Préchauffez le four à 200 °C (th. 6-7). Beurrez les mini-cocottes, puis répartissez, à mi-hauteur, les épinards. Confectionnez un flan salé en mélangeant le lait de coco avec la crème épaisse, les jaunes d'œufs, du sel et du poivre. Réservez ce flan au frais.

Faites chauffer un peu de beurre dans une poêle. Déposez les noix de Saint-Jacques dans la graisse chaude, colorez-les pendant 30 secondes uniquement d'un côté. Assaisonnez-les de sel et d'une pincée de curry.

Déposez 2 noix de Saint-Jacques et 3 crevettes par mini-cocotte. Versez le flan à hauteur. Ajoutez un peu de gruyère râpé. Faites gratiner rapidement pendant quelques minutes dans le four chaud.

VARIANTE

Ajoutez un peu de ciboulette hachée dans le flan.

TRUC DE CUISINIER

Pensez à déposer les noix de Saint-Jacques côté coloré au-dessus.

COCOTTES DE ROUGET SAUTÉ À L'ÉTUVÉE DE FENOUIL

USTENSILES

4 mini-cocottes
1 petite cocotte
1 mixeur plongeant
1 poêle antiadhésive

INGRÉDIENTS

4 filets de rouget
10 cl d'huile d'olive
300 g de fenouil
1 pincée d'anis vert
1 trait d'alcool anisé
1 gousse d'ail
12 tomates cerises
sel fin - fleur de sel
poivre du moulin

Lavez le fenouil, réservez les pluches pour le décor et l'huile parfumée. Supprimez les tiges vertes. Émincez finement le bulbe. Versez un peu d'huile d'olive et une pincée d'anis vert dans une cocotte. Faites suer le fenouil, puis ajoutez 10 cl d'eau. Laissez compoter pendant 20 minutes à feu doux et à couvert. Égouttez le fenouil à la fin de la cuisson et rectifiez l'assaisonnement.

Dans le bol d'un mixeur plongeant, versez 6 cl d'huile d'olive, 5 à 6 pluches de fenouil, 1 trait d'alcool anisé, 1 gousse d'ail et une pincée de sel et de poivre. Mixez jusqu'à l'obtention d'une huile bien verte et parfumée.

Coupez les filets de rouget en deux et en biais. Faites chauffer un peu d'huile d'olive dans une poêle. Roulez pendant quelques secondes les tomates cerises dans la graisse chaude. Retirez-les, puis colorez pendant 1 minute les filets de rouget des deux côtés. Répartissez l'étuvée de fenouil à mi-hauteur dans les mini-cocottes. Déposez par-dessus les filets de rouget, en les entrecroisant, côté peau au-dessus. Ajoutez les tomates cerises. Refermez les couvercles. Passez les mini-cocottes dans un four chaud pendant 6 à 7 minutes.

Versez, à la sortie du four, un petit trait d'huile d'olive parfumée sur les filets de rouget. Décorez avec une pluche de fenouil.

VARIANTE
Remplacez les tomates cerises par des quartiers de tomate.

TRUC DE CUISINIER
L'huile parfumée peut relever et accompagner beaucoup de poissons grillés, rôtis ou sautés.

ÉMINCÉ DE CANARD À L'ORANGE ET PATATES DOUCES

coût moyen
facile à réaliser
pour 4 personnes
préparation : 20 min - cuisson : 35 min

USTENSILES

4 mini-cocottes rondes de 12 cm de diamètre
2 casseroles
1 poêle
1 saladier

INGRÉDIENTS

2 magrets de canard
1 cuil. à soupe de miel
2 cuil. à soupe de vinaigre de vin
1 orange
1 trait de Cointreau®
5 cl de jus d'orange
10 cl de fond brun de volaille lié
2 patates douces
1 pomme de terre
40 g de beurre
quelques feuilles de coriandre
sel - poivre

Lavez les patates douces et la pomme de terre. Faites-les cuire avec la peau pendant 30 minutes dans une casserole d'eau salée, froide au départ. Vérifiez la cuisson, puis épluchez les tubercules encore chauds. Débarrassez-les dans un saladier. Écrasez la pulpe à la fourchette. Ajoutez 30 g de beurre et une pincée de sel fin. Répartissez cette purée dans les mini-cocottes préalablement beurrées. Refermez les couvercles et passez les cocottes quelques minutes dans un four chaud avant de servir.

Dans une casserole, faites caraméliser le vinaigre de vin et le miel. Versez le jus d'orange, le Cointreau®. Laissez réduire. Ajoutez le fond brun lié. Rectifiez l'assaisonnement. Pelez à vif l'orange et détaillez 4 jolis suprêmes.

Supprimez l'excès de graisse des magrets, puis quadrillez la peau. Faites chauffer une poêle sans matières grasses. Déposez les magrets de canard, peau contre la poêle. Laissez-les colorer pendant 5 minutes à feu doux. Salez et poivrez. Retournez-les et laissez-les cuire encore 3 minutes. Débarrassez les magrets dans une assiette, puis recouvrez-les d'une feuille de papier aluminium.

Au moment de servir, émincez finement les magrets. Déposez-les en rosace, dans les mini-cocottes, sur la purée de patates douces bien chaude. Ajoutez au centre le suprême d'orange. Versez un peu de sauce. Décorez avec la coriandre.

VARIANTE

Remplacez les suprêmes d'orange par des cubes de mangue.

TRUC DE CUISINIER

Les patates douces sont cuites avec la peau pour qu'elles ne se gorgent pas d'eau à la cuisson.

TAJINE D'AGNEAU AUX ABRICOTS SECS ET MENTHE FRAÎCHE

coût moyen
facile à réaliser
pour 4 personnes
préparation : 25 min - cuisson : 55 min

USTENSILES

4 mini-cocottes rondes de 12 cm de diamètre
1 grande cocotte
1 poêle

INGRÉDIENTS

800 g d'épaule d'agneau désossée
2 oignons
1 tomate
1 gousse d'ail
2 cuil. à soupe d'huile d'olive
30 cl de bouillon de volaille
2 cuil. à soupe de miel
1 pincée de ras el-hanout
1 pincée de cumin en poudre
1 pincée de cannelle
50 g d'amandes effilées
quelques abricots secs
quelques feuilles de menthe
sel fin

Découpez l'épaule d'agneau en petits cubes réguliers. Émincez finement les oignons. Écrasez la gousse d'ail. Coupez la tomate en deux, retirez les pépins, puis concassez-la au couteau.

Dans une cocotte, faites chauffer l'huile d'olive. Colorez vivement les cubes d'agneau en deux fois. Retirez-les de la cocotte, puis faites revenir les oignons sans trop les colorer. Ajoutez de nouveau la viande, puis la tomate, la gousse d'ail, le miel, les épices, le sel et le bouillon de volaille à hauteur. Faites frémir le tout, puis fermez la cocotte avec son couvercle. Faites cuire dans un four préchauffé à 200 °C (th. 6-7) pendant 50 minutes.

Colorez les amandes, à sec, dans une poêle bien chaude. Ciselez finement les feuilles de menthe. Découpez les abricots secs en petits dés.

Vérifiez la cuisson et l'assaisonnement du tajine d'agneau. Répartissez-le dans les mini-cocottes. Parsemez de dés d'abricots secs, de menthe ciselée et d'amandes torréfiées.

VARIANTE

Ajoutez quelques dés de citron confit en fin de cuisson du tajine.

TRUC DE CUISINIER

Passez les mini-cocottes, quelques minutes, dans un four chaud avant de dresser les tajines.

POT-AU-FEU

bon marché
très facile à réaliser
pour 4 personnes
préparation : 25 min - cuisson : 3 h 50

USTENSILES

1 marmite - 1 écumoire
1 économe - ficelle
1 casserole - 1 spatule

INGRÉDIENTS

1 kg de paleron, gîte, macreuse
et queue de bœuf mélangés
4 beaux os à moelle
6 carottes
2 petits poireaux
1 oignon
3 clous de girofle
1 panais - 6 navets
1 branche de céleri
12 cornichons
2 grosses pincées de gros sel
1 bouquet garni
40 g de farine
40 g de beurre
sel - poivre noir moulu
noix muscade râpée

Épluchez les légumes. Coupez les poireaux en gros tronçons et attachez-les avec de la ficelle. Gardez entiers les navets, les carottes et le panais. Mettez la viande ficelée dans une marmite. Recouvrez de 3,5 litres d'eau froide et ajoutez le gros sel, l'oignon piqué des clous de girofle, le céleri et le bouquet garni.

Portez à ébullition et laissez cuire 1 heure à découvert en écumant sans arrêt. Au bout de ce temps, amorcez la cuisson des légumes : commencez par les carottes et les panais, puis, 15 minutes après, les navets, et, en dernier, les poireaux attachés ensemble. Poursuivez la cuisson pendant 2 bonnes heures, puis ajoutez les os à moelle, qui cuiront 20 minutes environ.

Quand le pot-au-feu est prêt, prélevez 1 litre de bouillon. Faites fondre le beurre dans une casserole sur feu vif, ajoutez la farine, mélangez et faites roussir quelques instants. Délayez progressivement avec le bouillon, jusqu'à obtention d'une sauce blanche un peu épaisse. Mélangez parfaitement pour éviter les grumeaux. Salez, poivrez, et saupoudrez d'1 ou 2 pincées de muscade.

Coupez les cornichons égouttés en fines rondelles. Ajoutez-les à la sauce. Au moment de servir, dégraissez le bouillon du pot-au-feu et versez-le dans une soupière. Servez la viande à part, entourée des légumes et des os à moelle, avec, en accompagnement, du gros sel, de la moutarde, des tranches de pain de campagne grillé et la sauce aux cornichons.

VARIANTE

N'hésitez pas à « customiser » votre pot-au-feu en ajoutant d'autres légumes, comme du céleri-rave, des navets boule d'or, du chou vert…

TRUC DE CUISINIER

Afin d'éviter toute amertume, écumez et écumez encore, du début à la fin de la cuisson !

GIGOT DE 7 HEURES QUI EN CUIT 5...

coût élevé
facile à réaliser
pour 4 personnes
préparation : 20 min - cuisson : 5 h

USTENSILES

1 poêle - 1 cocotte
ficelle - 1 économe
1 spatule - 1 torchon
1 terrine à couvercle
1 casserole - 1 chinois
papier aluminium

INGRÉDIENTS

1 gigot d'agneau paré d'1,3 kg
1 poignée d'os et de gras de mouton
2 oignons - 2 carottes
2 verres de vin blanc sec
1 l de bouillon de volaille
1 branche de thym
2 feuilles de laurier
1 tige de céleri
3 tomates - 1 tête d'ail
1 bouquet de persil
20 g de beurre
2 c. à s. d'huile d'olive
300 g de farine
sel - poivre du moulin

Épluchez les oignons et les carottes. Coupez-les en rondelles épaisses. Faites chauffer l'huile et le beurre dans une poêle. Faites-y dorer le gigot sur toutes ses faces. Emballez-le dans un torchon humide et ficelez-le. Mettez les os et les parures dans une cocotte et faites-les suer à feu moyen.

Ajoutez les oignons et les carottes, faites-les colorer. Versez le vin blanc. Grattez à la spatule le fond de la cocotte pour récupérer les sucs de viande. Ajoutez le bouillon, le thym, le laurier, le persil ciselé ainsi que le céleri, les tomates coupées en quartiers et l'ail pelé et écrasé. Portez à ébullition, puis éteignez le feu.

Déposez le gigot dans une terrine et versez le contenu de la cocotte. Salez et poivrez. Mélangez la farine avec 20 cl d'eau pour obtenir une pâte pas trop ferme. Étirez-la en un long boudin avec lequel vous boucherez hermétiquement les interstices entre le couvercle et la terrine. Enfournez pour 5 heures à 90 °C (th. 3).

Retirez du four et cassez le boudin de pâte (ou lut). Sortez le gigot de la terrine et recouvrez-le d'un papier aluminium. Passez la sauce au chinois et faites-la réduire dans une casserole. Déballez le gigot sur un plat de service. Servez-le accompagné de la sauce et d'une purée ou d'un gratin dauphinois.

TRUC DE CUISINIER

Lorsque la viande est cuite, la chaleur a fait refluer le sang vers le centre du gigot. Laissez-le reposer 15 minutes, recouvert de papier aluminium dans le four éteint et entrouvert : il sera encore plus tendre.

coût élevé
facile à réaliser
pour 4 personnes
préparation : 10 min - cuisson : 20 min

bon marché
facile à réaliser
pour 4 personnes
préparation : 20 min - cuisson : 45 min

OSSO-BUCO DE GIGOT D'AGNEAU, SAUCE ORANGE-SAFRAN

USTENSILES 1 casserole • 1 poêle • 1 fouet • 1 presse-agrumes
INGRÉDIENTS 4 ronds de gigot d'agneau • 20 pointes d'asperges
vertes • 2 oranges à jus • 1 dose de safran en poudre • 25 cl
de crème liquide • 50 g de beurre demi-sel • 1 c. à s. d'huile
d'olive • quelques pluches de cerfeuil • 1 c. à s. de thym frais
haché • sel • poivre du moulin

Épluchez et faites cuire les pointes d'asperges
5 minutes à l'eau bouillante salée : elles doivent
rester croquantes. Réservez-les. Pressez les
oranges.

Assaisonnez les ronds de gigot de sel, poivre et
thym. Saisissez-les dans une poêle avec l'huile.
Faites-les colorer sur chaque face 5 à 7 minutes,
puis baissez le feu. Ajoutez le jus des oranges,
laissez réduire de moitié et versez la crème liquide
et le safran dilué dans 1 cuillerée à soupe d'eau
chaude. Salez, poivrez et faites cuire 5 minutes
à petits bouillons. Ajoutez le beurre, fouettez,
puis ajoutez les pointes d'asperges en remuant
délicatement.

Servez les ronds de gigot entourés des asperges.
Nappez de sauce orange-safran et décorez avec
des pluches de cerfeuil.

POULET AU MIEL ET AU GINGEMBRE

USTENSILES 1 cocotte • 1 presse-ail • 1 économe • 1 spatule •
1 bol • 1 râpe INGRÉDIENTS 1 kg de cuisses de poulet fermier •
3 gousses d'ail • 15 g de gingembre frais • 1 citron vert • 4 c.
à s. de miel d'acacia • 50 cl de bouillon de volaille • 3 à 4 c. à
s. de sauce soja douce • 1,5 c. à c. d'épices colombo

Versez les 2/3 du bouillon dans la cocotte. Ajoutez
les cuisses de poulet et faites frémir sur feu
moyen. Couvrez et laissez cuire 15 minutes à feu
doux.

Râpez finement le gingembre. Écrasez les gousses
d'ail. Râpez le zeste du citron vert. Pressez le jus.
Réunissez le miel, le gingembre, l'ail écrasé, le
jus de citron, le zeste et la sauce soja. Ajoutez les
épices et mélangez bien.

Versez cette préparation dans la cocotte et laissez
cuire à découvert 30 minutes environ, en remuant
de temps en temps et en ajoutant le bouillon
restant.

Le poulet doit caraméliser, et la sauce être épaisse
et d'aspect sombre.

COQ AU VIN

USTENSILES

1 terrine - 1 poêle
1 cocotte - 1 casserole
film alimentaire

INGRÉDIENTS

1 coq d'environ 1,7 kg
200 g d'oignons grelots
250 g de poitrine fumée
250 g de petits champignons de Paris
1 cuil. à soupe de concentré de tomate
10 cl d'huile d'arachide
100 g de farine
3 cuil. à soupe de cognac
10 g de beurre
1 pincée de sucre - persil haché
sel - poivre du moulin

Pour la marinade

1,5 l de bon vin rouge
2 carottes - 1 bouquet garni
2 gousses d'ail - 2 oignons
20 grains de poivre

La veille, mettez le coq en morceaux dans une terrine avec les oignons émincés et l'ail. Versez le vin, ajoutez les carottes en rondelles, le bouquet garni et le poivre en grains. Couvrez de film alimentaire et laissez mariner au frais jusqu'au lendemain.

Égouttez la volaille avec sa garniture et conservez la marinade. Dans une grande poêle, faites revenir à l'huile tous les morceaux jusqu'à coloration. Mettez-les dans la cocotte, avec la garniture aromatique également revenue, sauf les grains de poivre et le bouquet garni. Saupoudrez de farine et mélangez pour lier le tout.

Déglacez avec le cognac, versez la marinade et 1 verre d'eau, portez à ébullition en remuant. Ajoutez le concentré de tomate, salez, poivrez, et laissez cuire à feu doux 3 h 30. Dans une casserole, mettez les oignons avec le beurre, le sucre et 1 pincée de sel. Recouvrez d'un peu d'eau et laissez cuire à feu doux jusqu'à évaporation de l'eau et caramélisation des oignons. Retirez du feu.

Dans une poêle, faites revenir la poitrine fumée coupée en lardons, et ajoutez-y les champignons simplement lavés et essuyés. Faites-les sauter 5 minutes. Servez le coq entouré des champignons, oignons et lardons, et décorez de persil haché. Présentez la sauce à part. Accompagnez de pommes de terre vapeur.

TRUC DE CUISINIER

Si vous en disposez, ajoutez le sang du coq à la sauce, en fin de cuisson. Dans ce cas, réchauffez la sauce au bain-marie plutôt que de la faire bouillir.

VEAU MARENGO

coût moyen
facile à réaliser
pour 4 personnes
préparation : 25 min - cuisson : 45 min

USTENSILES

1 cocotte - 1 sauteuse
1 casserole - 1 spatule
1 moulin à légumes

INGRÉDIENTS

750 g d'épaule de veau
750 g de tendrons
de veau
6 cuil. à soupe d'huile d'olive
3 oignons - 2 échalotes
1 carotte - 2 gousses d'ail
20 cl de vin blanc sec
6 tomates
25 cl de fond de veau
1 bouquet garni
100 g de beurre
(à température ambiante)
50 g de farine
2 cuil. à soupe de crème fraîche
épaisse
sel - poivre du moulin

Coupez la viande en morceaux réguliers et assaisonnez de sel et de poivre. Faites-les rapidement revenir avec l'huile d'olive dans une sauteuse. Dès qu'ils commencent à prendre couleur, ajoutez les oignons finement émincés, les échalotes hachées et la carotte coupée en dés.

Dans une petite casserole, faites réduire de moitié le vin blanc. Déglacez le contenu de la sauteuse avec le vin réduit. Ajoutez alors les tomates épépinées et concassées, le fond de veau, l'ail écrasé et le bouquet garni. Transvasez le tout dans une cocotte. Laissez mijoter 35 minutes environ, à couvert et à feu doux.

Retirez la cocotte du feu. Ôtez les morceaux de viande, gardez-les au chaud. Mélangez la farine et le beurre. Passez la sauce au moulin à légumes et ajoutez-y le mélange de beurre et de farine. Mélangez bien. Incorporez la crème et rectifiez l'assaisonnement.

Remettez la viande dans la cocotte avec la sauce et faites réchauffer 2 minutes. Servez dans un plat creux avec un riz pilaf.

VARIANTE

La recette originale « à la Marengo » préconise d'accompagner ce plat de croûtons frits et d'écrevisses décortiquées.

RÔTI DE PORC AU LAIT ET À LA SAUGE, PURÉE MAISON

bon marché
très facile à réaliser
4 personnes
préparation : 10 min - cuisson : 1 h 30

USTENSILES

1 cocotte - 1 cuillère
1 casserole - 1 économe
1 presse-purée

INGRÉDIENTS

1 carré de porc de 4 côtes
1,5 l de lait entier
1 kg de pommes de terre type bintje
12 feuilles de sauge fraîche
8 gousses d'ail
2 échalotes
80 g de beurre salé
1 pincée de gros sel
sel - poivre du moulin

Portez le lait à ébullition dans la casserole. Épluchez les échalotes et émincez-les. Lavez et séchez les feuilles de sauge. Faites fondre 30 g de beurre dans la cocotte. Quand il mousse, ajoutez les échalotes, puis le carré de porc. Faites-le dorer. Salez et poivrez.

Préchauffez le four à 210 ºC (th. 7). Versez ensuite le lait chaud dans la cocotte, et ajoutez les feuilles de sauge ainsi que les gousses d'ail non épluchées. Couvrez. Glissez la cocotte dans le four pour 1 h 15 environ.

Pendant ce temps, épluchez les pommes de terre et faites-les cuire à l'eau bouillante salée avec le gros sel. Égouttez-les en conservant un fond d'eau de cuisson. Couvrez la casserole et réservez. Lorsque le carré est cuit, sortez-le du four.

Écrasez les pommes de terre à l'aide du presse-purée. Pour davantage d'onctuosité, prélevez 25 cl du lait de cuisson de la viande et ajoutez-le à la purée. Terminez en incorporant le reste de beurre salé coupé en lamelles. Servez le carré tranché en 4, arrosé de sauce et accompagné de purée et des gousses d'ail en chemise.

TRUC DE CUISINIER

Vous pouvez aussi servir ce carré au lait et à la sauge avec une polenta nature.

bon marché
très facile à réaliser
pour 4 personnes
préparation : 15 min - marinade : 2 h
cuisson : 50 min

bon marché
très facile à réaliser
pour 4 personnes
préparation : 15 min - cuisson : 1 h 30

PORC AU CARAMEL

PETIT-SALÉ AUX LENTILLES VERTES

USTENSILES 1 saladier • 1 cocotte • 1 spatule • 1 casserole • film alimentaire INGRÉDIENTS 800 g de travers de porc détaillés par votre boucher • 3 gousses d'ail • 1/2 botte de ciboules chinoises • 2 c. à s. rases de sauce hoisin ou barbecue • 3 c. à s. d'huile d'arachide • 10 morceaux de sucre • sel • poivre du moulin • 1 c. à s. de vin de riz chinois (facultatif)

Dans un grand saladier, placez les travers de porc, la sauce hoisin diluée dans 1 verre d'eau, les gousses d'ail écrasées et les ciboules finement ciselées. Salez et poivrez. Filmez et mettez au frais 2 heures.

Égouttez la viande. Faites-la dorer à l'huile dans la cocotte. Versez 2 verres d'eau, couvrez et laissez mijoter 40 minutes. Dix minutes avant la fin de la cuisson, préparez un caramel dans une petite casserole : versez le sucre et 3 cuillerées à soupe d'eau, portez à ébullition et faites-le cuire jusqu'à ce qu'il prenne une belle couleur brune. Retirez du feu.

Jetez le liquide de cuisson de la cocotte s'il ne s'est pas complètement évaporé. Enrobez les morceaux de viande avec le caramel, mélangez bien. Ajoutez un trait de vin de riz pour parfumer, servez aussitôt accompagné de riz thaï.

USTENSILES 1 faitout • 1 casserole • 1 poêle • 1 économe INGRÉDIENTS 800 g de palette de porc fraîche • 300 g d'échine de porc • 250 g de lard fumé • 2 carottes • 2 oignons • 350 g de lentilles vertes du Puy • 2 bouquets garnis • sel • poivre du moulin

Remplissez d'eau froide un grand faitout. Mettez-y 1 oignon épluché, 1 bouquet garni, la palette, l'échine de porc et la moitié du lard. Salez avec 1 pincée de sel, poivrez et faites cuire à feu moyen et sans couvrir pendant 45 minutes.

Remplissez d'eau froide une grande casserole, mettez-y les carottes en fines rondelles, les lentilles et le second bouquet garni. Portez à ébullition et laissez cuire 45 minutes à feu moyen. Coupez le reste du lard en dés. Faites-les revenir dans une poêle avec l'oignon émincé. Quand ils sont bien dorés, ajoutez-les aux lentilles.

Au terme de leur cuisson, incorporez la palette, l'échine et le lard égouttés. Laissez mijoter le tout à feu doux 45 minutes et servez chaud, coupé en tranches fines.

BROWNIE CLASSIQUE, NOIX DE PÉCAN ET CHOCOLAT

bon marché
facile à réaliser
pour 6 à 8 personnes
préparation : 20 min - cuisson : 30 min

USTENSILES

1 casserole
1 terrine
1 moule

INGRÉDIENTS

480 g de sucre
230 g de beurre
200 g de chocolat
150 g de farine
4 œufs
125 g de noix de pécan
1/2 cuil. à café de levure chimique
1 cuil. à café de sel

Préchauffez votre four à 190 °C (th. 6-7). Faites fondre le beurre et mélangez-le dans une terrine avec le sucre et les œufs.

Faites fondre le chocolat cassé en morceaux dans une casserole à feu très doux, puis ajoutez-le. Versez la farine mélangée au sel et à la levure. Ajoutez les noix de pécan. Mélangez bien le tout.

Mettez le mélange dans un moule bien beurré. L'idéal est d'utiliser un moule rectangle de format 20 × 25 cm environ. Enfournez pour 30 à 35 minutes. Le brownie ne doit surtout pas être trop cuit.

Laissez refroidir et découpez-le en petits carrés (par exemple 2 cm par 2 cm).

VARIANTE

Remplacez le chocolat par du cacao (augmentez alors le sucre de 100 g) et les noix de pécan par des noix bien de chez nous.

TRUC DE CUISINIER

Le brownie peut être servi seul, froid ou bien tiède accompagné d'une boule de glace vanille.

GÂTEAU AU CHOCOLAT AU MICRO-ONDES

USTENSILES

2 bols
1 fouet
1 moule en Pyrex®

INGRÉDIENTS

150 g de chocolat
50 g de beurre
50 g de farine
30 g de sucre
2 œufs
1/2 sachet de levure

Cassez le chocolat en morceaux. Coupez le beurre en morceaux. Versez-les dans un bol et faites cuire au micro-ondes pendant 3 minutes à 850 W.

Mélangez bien le chocolat et le beurre.

Fouettez les œufs entiers avec le sucre jusqu'à ce que le mélange blanchisse et devienne mousseux. Versez sur le chocolat fondu. Remuez bien, puis incorporez la farine et la levure. Mélangez à nouveau.

Versez dans un moule beurré. Faites cuire pendant 4 minutes au micro-ondes, puissance 850 W.

VARIANTE
Pour un gâteau très tendance, saupoudrez le dessus d'éclats de fève tonka.

TRUC DE CUISINIER
Adaptez le temps de cuisson du chocolat à la puissance de votre four à micro-ondes.

MILLEFEUILLES DE COOKIES À LA CRÈME À LA VANILLE

coût moyen
délicat à réaliser
pour 4 personnes
préparation : 30 min - cuisson : 8 min

USTENSILES

papier sulfurisé
1 plaque de four
2 saladiers
1 couteau
1 fouet

INGRÉDIENTS

160 g de chocolat au lait
125 g de beurre
125 g de sucre roux
1 œuf
175 g de farine
5 g de levure chimique
1 pincée de sel

Pour la crème à la vanille

250 g de mascarpone
80 g de sucre glace
1 c. à c. d'extrait de vanille

Faites fondre 60 g de chocolat et laissez tiédir. Râpez le reste au couteau. Travaillez le beurre avec le sucre, le sel et l'œuf. Ajoutez les 2 chocolats, puis la farine et la levure.

Préchauffez le four à 180 °C (th. 6). Formez des boules de pâte de la taille d'1 noix. Disposez-les sur la plaque du four, recouverte de papier sulfurisé. Espacez-les régulièrement. Enfournez pour 8 minutes. Réalisez une deuxième fournée.

Mélangez la mascarpone avec le sucre glace et l'extrait de vanille. Fouettez pour obtenir une crème bien onctueuse.

Tartinez 8 cookies avec cette crème. Superposez-les 2 par 2. Terminez les millefeuilles en les surmontant d'un dernier cookie.

VARIANTE

Pour une version express, prenez des cookies du commerce. Aromatisez la crème avec d'autres parfums en utilisant du sirop.

TRUC DE CUISINIER

Tous les cookies réalisés ne sont pas utilisés dans cette recette. Conservez-les dans une boîte à biscuits.

MON GÂTEAU COMME UNE TARTE AU CITRON

coût peu élevé
facile à réaliser
pour 6 personnes
préparation : 40 min - cuisson : 30 min

USTENSILES

2 casseroles
1 fouet
2 saladiers
1 moule à cake

INGRÉDIENTS

6 jaunes d'œufs
+ 1 blanc
250 g de sucre en poudre
125 g de farine
le jus de 2 citrons
50 g de beurre
180 g de sucre glace

Préchauffez le four à 150 °C (th. 5).

Préparez un bain-marie. Fouettez-y 3 jaunes d'œufs avec 125 g de sucre en poudre, pendant 10 minutes environ. Fouettez encore 5 minutes hors du feu. Incorporez la farine. Versez dans un moule à cake et faites cuire au four pendant 25 minutes. Démoulez et laissez refroidir.

Dans une casserole, fouettez les 3 jaunes d'œufs restants avec le reste de sucre en poudre et le jus de citron. Faites cuire à feu doux jusqu'à épaississement. Hors du feu, incorporez le beurre coupé en morceaux et laissez refroidir.

Tranchez le gâteau en 3 épaisseurs et tartinez de crème au citron les 2 premières couches. Recouvrez d'une dernière épaisseur de gâteau.

Mélangez le sucre glace avec le blanc d'œuf. Recouvrez le dessus du gâteau avec ce glaçage. Réservez au frais avant de servir.

VARIANTE

Encore plus rapide : utilisez un sachet de pâte à gâteau prête à cuire ou une génoise prête à l'emploi.

TRUC DE CUISINIER

Fouettez les œufs et le sucre au bain-marie, jusqu'à ce que le mélange double de volume. Retirez du feu et fouettez jusqu'à complet refroidissement.

coût peu élevé
facile à réaliser
pour 4 personnes
préparation : 10 min - cuisson : 10 min

coût moyen
facile à réaliser
pour 4 personnes
préparation : 10 min - cuisson : 50 min

COCOTTES DE MOELLEUX AU CHOCOLAT AU COEUR COULANT

USTENSILES 4 mini-cocottes • 1 saladier • 1 bain-marie • 1 fouet électrique INGRÉDIENTS 100 g de chocolat noir • 120 g de beurre • 90 g de sucre • 3 œufs • 50 g de farine

Préchauffez le four à 200 ºC (th. 6-7). Badigeonnez les 4 mini-cocottes avec 20 g de beurre fondu, puis saupoudrez-les de farine. Cassez le chocolat noir en petits morceaux. Faites-le fondre au bain-marie avec 100 g de beurre.

Dans un saladier, fouettez pendant 5 minutes, à l'aide d'un fouet électrique, le sucre avec les œufs. Incorporez-y délicatement le chocolat et le beurre fondus, puis la farine restante en pluie. Fouettez légèrement. Répartissez le tout, à mi-hauteur, dans les mini-cocottes. Faites cuire dans le four chaud pendant 10 minutes. Servez tiède.

CRÈMES BRÛLÉES À LA PISTACHE ET FRAMBOISES

USTENSILES 4 mini-cocottes • 1 casserole • 1 saladier • 1 chalumeau INGRÉDIENTS 40 cl de crème liquide • 50 g de sucre • 4 jaunes d'œufs • 2 cuil. à soupe de pâte à pistache • 1 petite barquette de framboises • quelques pistaches concassées • sucre glace • cassonade

Faites frémir la crème liquide dans une casserole. Dans un saladier, blanchissez les jaunes d'œufs avec le sucre, puis ajoutez la pâte à pistache. Versez la crème bien chaude par-dessus. Mélangez, puis répartissez le tout dans 4 mini-cocottes. Laissez cuire les cocottes sans couvercle pendant 50 minutes dans un four préchauffé à 100 ºC (th. 3-4). Laissez bien refroidir.

Saupoudrez les crèmes brûlées refroidies de cassonade. Caramélisez-les à l'aide d'un chalumeau. Décorez avec quelques framboises, du sucre glace et des pistaches concassées.

GÂTEAU MARBRÉ AU NUTELLA®

bon marché
facile à réaliser
pour 6-8 parts
préparation : 30 min - cuisson : 40 min

USTENSILES

1 batteur électrique
1 saladier
2 casseroles
1 moule à gâteau

INGRÉDIENTS

4 œufs
150 g de sucre en poudre
200 g de beurre ramolli
175 g de farine
50 g de poudre d'amandes
75 g de NUTELLA®
1/2 sachet de levure chimique
1 pincée de sel

Séparez les blancs des jaunes d'œufs. À l'aide d'un batteur électrique, montez les blancs en neige très ferme avec 50 g de sucre et le sel. Fouettez les jaunes avec le reste de sucre, jusqu'à ce que le mélange blanchisse fortement. Ajoutez le beurre, puis la farine, la poudre d'amandes et la levure. La pâte doit être épaisse.

Prélevez la moitié des blancs en neige et mélangez-les vigoureusement à la pâte afin de la détendre. Versez le reste des blancs et incorporez-les délicatement à la pâte.

Faites fondre au bain-marie le NUTELLA®. Prélevez 1/3 de la pâte à gâteau et mélangez-la au NUTELLA® fondu. Dans un moule à gâteau graissé, versez la moitié de la pâte nature, ajoutez par-dessus celle au NUTELLA® et couvrez du reste de pâte nature. À l'aide du manche d'une cuillère en bois, donnez des petits coups sur toute la pâte afin de légèrement mélanger les couleurs. Enfournez pour 40 minutes à 190 °C (th. 6-7). Le gâteau est cuit lorsque la pointe d'un couteau enfoncée à cœur en ressort humide mais propre.

Laissez tiédir le gâteau hors du four quelques minutes avant de le démouler. Laissez ensuite bien refroidir avant de servir.

TRUC DE CUISINIER

Vous pouvez décorer le dessus de votre cake de noisettes décortiquées et concassées.

COOKIES AUX PÉPITES DE CHOCOLAT

bon marché
facile à réaliser
pour 8 à 10 personnes
préparation : 30 min - cuisson : 12 min

USTENSILES

1 casserole
1 terrine
1 bol
1 fouet
2 plaques à pâtisserie

INGRÉDIENTS

500 g de farine
200 g de beurre
200 g de sucre
200 g de chocolat noir
125 g de pépites
de chocolat
2 œufs + 1 jaune d'œuf
1 cuil. à café d'extrait
de vanille
2 cuil. à café de levure chimique

Préchauffez le four à 190 °C (th. 6-7) et graissez deux plaques à pâtisserie. Dans une terrine, mélangez le beurre ramolli et le sucre jusqu'à ce que le mélange soit bien homogène.

Battez les œufs et ajoutez-les au mélange. Ajoutez la vanille, la farine et la levure. Faites fondre doucement le chocolat noir et versez-le. Mélangez bien tous les ingrédients, éventuellement avec les mains car la pâte est sèche. Ajoutez les pépites de chocolat.

Partagez la pâte en petites boules, que vous aplatissez légèrement avec la main. Disposez-les assez espacées sur les plaques à pâtisserie. Battez légèrement le jaune d'œuf avec 1 cuillerée à soupe d'eau dans un bol. Enduisez les cookies de ce mélange.

Enfournez et laissez cuire près de 12 minutes, il ne faut pas que les gâteaux soient fermes, ils vont se raffermir en refroidissant.

VARIANTE

Formez un gros « saucisson » avec la pâte. Placez-le 20 minutes au congélateur, puis détaillez-le en tranches : vos cookies seront plus uniformes.

TRUC DE CUISINIER

Une fois bien froids, ces cookies se conservent dans une boîte hermétique.

MUFFINS AUX BAIES NOIRES ET AU SIROP D'ÉRABLE

bon marché
facile à réaliser
pour 12 muffins
préparation : 20 min - cuisson : 15 min

USTENSILES

1 terrine
1 bol
12 moules à muffins

INGRÉDIENTS

400 g de farine
175 g de yaourt nature
150 g de baies noires (mûres, myrtilles...)
175 g de sirop d'érable
40 de beurre
1 gros œuf, légèrement battu
1 sachet de levure en poudre
1/2 cuil. à café de bicarbonate de soude
1 pincée de sel

Préchauffez le four à 180 °C (th. 6). Beurrez 12 moules à muffins ou garnissez-les de caissettes en papier. Dans une terrine, mélangez bien la farine, la levure, le bicarbonate de soude et le sel. Ajouter les baies.

Dans un petit bol, mélangez le sirop d'érable, le yaourt nature, le beurre fondu, l'œuf et l'essence d'érable.

Versez le mélange au sirop d'érable sur les ingrédients secs et remuez juste assez pour bien les humecter. Ne mélangez pas trop.

Répartissez la pâte dans les moules à muffins, en les remplissant aux 2/3. Faites cuire les muffins au four environ 15 minutes jusqu'à ce qu'ils soient fermes au toucher et que le dessus soit bien doré.

VARIANTE

Remplacez les baies noires par des framboises ou des groseilles.

TRUC DE CUISINIER

Les moules en silicone sont parfaits pour un démoulage réussi.

bon marché
facile à réaliser
pour 8 cupcakes
préparation : 15 min - cuisson : 20 min

bon marché
facile à réaliser
pour 6 à 8 cupcakes
préparation : 20 min - cuisson : 20 min

CUPCAKES PÉPITES ET BEURRE DE CACAHUÈTE

CUPCAKES AUX ÉPICES GLACÉS À LA CANNELLE

USTENSILES 1 terrine • 1 bol • 8 moules à muffins INGRÉDIENTS 180 g de farine • 125 g de beurre de cacahuète lisse • 70 g de cassonade • 5 c. à s. de pépites de chocolat • 17 cl de lait • 1 œuf • 8 cl d'huile • 1 c. à s. de beurre • 1,5 c. à c. d'essence de vanille • 2 c. à c. de levure en poudre • 1 pincée de sel

Préchauffez le four à 190 °C (th. 6-7). Dans un bol, mélangez le beurre de cacahuète avec les pépites de chocolat. Réservez.

Dans une terrine, mélangez les ingrédients liquides. Ajoutez ensuite les ingrédients secs. Mélangez bien.

Répartissez la moitié de la pâte dans les moules à muffins, et mettez dans chacun 1 cuillerée à café du mélange beurre de cacahuète-chocolat. Recouvrez avec le reste de la pâte.

Faites cuire 15 à 20 minutes. Sortez les gâteaux du four et laissez-les refroidir. Décorez de chocolat fondu ou du beurre de cacahuète.

USTENSILES 1 casserole • 1 saladier • 1 bol • 6-8 moules à muffins INGRÉDIENTS 170 g de farine • 100 g de cassonade • 1 yaourt nature • 1 œuf • 1 poire • 1 c. à c. de cannelle en poudre • 1/2 c. à c. de quatre-épices • 1/2 c. à c. d'anis en poudre • 1/2 c. à c. de clous de girofle en poudre • 1/2 c. à c. de gingembre en poudre • 12 cl d'huile • 2 c. à c. de levure chimique • 1 pincée de sel POUR LE GLAÇAGE 4 c. à s. de sucre glace • 1 c. à c. de cannelle • 3 c. à s. de pistaches concassées

Préchauffez le four à 180 °C (th. 6). Dans un grand saladier, mélangez la farine, le sucre, la levure, les épices et le sel. Pelez et coupez la poire en tous petits morceaux puis ajoutez-la au mélange.

Battez l'œuf, le yaourt et l'huile dans un bol. Ajoutez cette préparation au précédent mélange et remuez bien.

Versez la pâte dans des moules à muffins. Faites cuire près de 20 minutes, puis laissez refroidir sur une grille.

Préparez le glaçage en mélangeant dans une petite casserole, à feu doux, le sucre glace, la cannelle et 2 cuillerées à soupe d'eau. Amenez à ébullition, ajoutez les pistaches, mélangez et répartissez sur les muffins froids.

PANCAKES

USTENSILES

1 poêle antiadhésive
1 saladier
1 fouet

INGRÉDIENTS

250 g de fruits rouges (groseilles, framboises, myrtilles, fraises...)
100 g de farine d'épeautre
100 g de semoule
de maïs
50 g de beurre ramolli
50 cl de lait
2 œufs
3 cuil. à soupe de sucre de canne
5 g de levure chimique
1/2 cuil. à café de sel

Dans un saladier, mélangez la farine d'épeautre, la semoule, le sucre, le sel et la levure. Incorporez les œufs battus, le beurre et le lait.

Laissez reposer la pâte pendant 30 minutes.

Faites chauffer un peu d'huile dans une poêle antiadhésive et versez-y une bonne louche de pâte à pancake. Faites cuire 2 à 3 minutes de chaque côté.

Réservez au chaud et servez avec de la crème fraîche fouettée, du sucre et des fruits rouges, du miel, du sirop d'érable, de la confiture, du beurre...

VARIANTE

Vous pouvez ajouter des fruits rouges dans la pâte, ou bien des petits morceaux de pomme ou de poire...

TRUC DE CUISINIER

Pour utiliser peu d'huile à la cuisson, coupez une pomme de terre en 2, piquez-la avec une fourchette et trempez-la dans l'huile pour badigeonner légèrement la poêle.

bon marché
facile à réaliser
pour 12 pièces
préparation : 30 min - repos : 1 h
cuisson : 20 min

bon marché
facile à réaliser
pour 8 à 10 rolls
préparation : 30 min - cuisson : 30 min

DONUTS

CINNAMON ROLLS

USTENSILES 1 sauteuse • 1 fouet • 1 emporte-pièce • 1 sac en papier • film étirable • papier absorbant INGRÉDIENTS 250 g de farine • 50 g de cassonade • 50 g de sucre cristallisé • 100 g de sucre en poudre • 40 g de beurre • 20 cl de lait • 1 œuf • 1/2 c. à c. d'extrait de vanille • 1 c. à s. de levure en poudre • 2 c. à c. de cannelle en poudre (facultatif) • 1 pincée de sel • huile pour friture

Battez l'œuf avec la cassonade et le sucre cristallisé pendant 5 minutes. Ajoutez le beurre fondu et l'extrait de vanille, puis la farine, la levure et le sel. Mélangez jusqu'à obtenir une pâte homogène et non collante en utilisant le lait si besoin. Enroulez la pâte dans un film plastique fariné et laissez reposer 1 heure environ.

Faites chauffer à feu moyen l'huile dans la sauteuse (environ 7 cm). Abaissez la pâte sur 1 cm et coupez des disques avec l'emporte-pièce. Vous pouvez les trouer au centre avec le goulot d'une bouteille ou un petit verre. Faites-les cuire au fur et à mesure pendant 2 minutes environ sur chaque face. Mettez-les sur une grille recouverte de papier absorbant. Mélangez le sucre en poudre et la cannelle, si vous souhaitez en utiliser, dans un sac en papier. Enfermez-y les beignets égouttés et secouez pour les enrober. Remettez-les sur la grille et répétez l'opération jusqu'à épuisement de la pâte. Dégustez chaud.

USTENSILES 1 terrine • 1 bol • 1 terrine • 1 bol • 1 rouleau à pâtisserie • 1 fouet • 1 plaque à pâtisserie • papier sulfurisé INGRÉDIENTS 300 g de farine • 100 g de beurre • 25 cl de lait • 2 jaunes d'œufs • 3 c. à s. de sucre • 1 c. à c. de cannelle en poudre • 1/2 c. à c. de vanille en poudre • 1 sachet de levure • 1 petite pincée de sel POUR GARNIR 3 c. à s. de cassonade • 1 c. à s. de beurre fondu • 1 c. à c. de cannelle en poudre POUR GLACER 50 g de fromage à tartiner • 2 c. à s. de sucre glace

Dans une terrine, mélangez la farine, la levure, le sucre, la vanille, le sel et la cannelle. Fouettez les jaunes d'œufs avec le lait et le beurre fondu dans un bol. Incorporez-les au mélange puis travaillez les ingrédients en pâte. Abaissez la pâte sur un plan de travail fariné pour obtenir un rectangle d'environ 25 x 30 cm. Mélangez les ingrédients de la garniture et étalez-les sur la pâte. Roulez-la, puis coupez-la en dix tranches. Préchauffez le four à 180 °C (th. 6) et recouvrez une plaque à pâtisserie d'une feuille de papier sulfurisé. Déposez les rolls et badigeonnez-les d'un peu de lait. Faites cuire près de 30 minutes. Dans un bol, mélangez le fromage à tartiner avec le sucre glace et ajoutez 2 cuillerées à soupe d'eau très chaude. Une fois les rolls refroidis, couvrez-les avec le glaçage.

CARROT'S CAKE

bon marché
facile à réaliser
pour 6 à 8 personnes
préparation : 20 min
cuisson : 35 à 40 min

USTENSILES

1 saladier
1 moule à cake

INGRÉDIENTS

300 g de farine
5 grosses carottes épluchées
et râpées
125 g de noix concassées
60 cl d'huile végétale
4 œufs
16 cuil. à soupe de miel
2 cuil. à café de cannelle
en poudre
2 sachets de levure

Battez les œufs avec l'huile dans un saladier. Ajoutez la farine, le miel et mélangez bien. Incorporez le reste des ingrédients.

Préchauffez le four à 200 °C (th. 6-7) et graissez un grand moule à cake.

Faites cuire 35 à 40 minutes. Il faut qu'un cure-dent planté au cœur ressorte parfaitement propre.

Démoulez sur une grille et laissez refroidir.

VARIANTE

Préparez un glaçage avec 1 blanc d'œuf battu en neige, 100 g de sucre glace et 1 cuillerée à soupe de jus de citron.

TRUC DE CUISINIER

Le carrot's cake se conserve très bien dans une boîte hermétique. On peut aussi le congeler, tranché ou pas.

SCONES

FRENCH TOAST

bon marché
facile à réaliser
pour 10 scones
préparation : 30 min - cuisson : 15 min

bon marché
facile à réaliser
pour 4 à 5 personnes
préparation : 10 min - cuisson : 15 min

USTENSILES 1 bol • 1 emporte-pièce de 5 à 6 cm de diamètre • 1 plaque à pâtisserie • papier sulfurisé INGRÉDIENTS 200 g de farine • 75 g de beurre • 60 g de raisins secs • 2 œufs • 3 cuil. à soupe de sucre • 5 cl de lait + 2 cuil. à soupe • 1 cuil. à café de vanille • 1 sachet de levure chimique • 1 pincée de sel

USTENSILES 1 poêle • 2 assiettes creuses INGRÉDIENTS 10 tranches de pain de mie ou de brioche • 25 cl de lait • 3 œufs • 2 cuil. à soupe d'huile ou 30 g de beurre • sel • poivre

Préchauffez le four à 190 °C (th. 6-7). Faites macérer les raisins secs avec 1 cuillerée à soupe de rhum et 1 cuillerée à soupe d'eau. Mélangez la farine, la levure, la vanille, le sel, le sucre et le lait. Incorporez 1 œuf battu et le beurre mou. Ajoutez les raisins secs et mélangez bien.

Abaissez la pâte sur une surface farinée et découpez des disques à l'aide de l'emporte-pièce. Déposez-les sur une plaque chemisée de papier sulfurisé.

Battez 1 œuf avec 2 cuillerées à soupe de lait. Badigeonnez les disques de pâte avec ce mélange.

Enfournez pour 15 minutes. Dégustez chaud ou tiède avec de la crème fraîche bien épaisse ou de la confiture.

Versez le lait dans une assiette creuse et les œufs battus dans une autre. Trempez successivement les tranches de pain dans le lait puis dans les œufs.

Faites chauffer l'huile ou le beurre dans la poêle. Faites revenir les tranches de pain pendant 1 minute sur chaque face.

Vous pouvez servir le pain perdu salé et poivré, ou encore accompagné de miel, de confiture, de sirop d'érable ou de compote… Dégustez à l'américaine avec des saucisses poêlées et du sirop d'érable.

CRÊPES CARAMEL, BEURRE SALÉ

bon marché
assez facile à réaliser
pour 6 personnes
préparation : 20 min - cuisson : 15 min

USTENSILES

1 casserole
1 poêle

INGRÉDIENTS

6 crêpes de froment sucrées
125 g de beurre salé
250 g de sucre
30 cl de crème fleurette
100 g d'amandes

Dans une casserole posée sur feu doux, faites fondre le beurre et le sucre. Patientez jusqu'à ce que le sucre commence à colorer, puis versez la crème fleurette et retirez du feu. Mélangez bien.

Concassez les amandes et faites-les griller à sec (c'est-à-dire sans matière grasse) dans une poêle à revêtement antiadhésif, pendant 1 minute.

Garnissez vos crêpes de caramel chaud et d'amandes grillées.

Dégustez sans attendre, avec une boule de glace au chocolat.

VARIANTE

Vous pouvez remplacer les amandes par des noisettes et la glace chocolat par de la glace à la vanille.

TRUC DE CUISINIER

Pour concasser les amandes, vous pouvez les rassembler dans le bol du mixeur et mixez par à-coup, afin de ne pas obtenir de la poudre.

CRÊPES POMMES, PAIN D'ÉPICE

bon marché
assez facile à réaliser
pour 6 personnes
préparation : 20 min - cuisson : 30 min
repos de la pâte : 1 h

84
GOÛTERS

USTENSILES

1 saladier - 1 jatte
1 poêle - 1 casserole
1 sauteuse
1 fouet - 1 couteau

INGRÉDIENTS

Pour les crêpes

180 g de farine
15 cl de crème fraîche liquide UHT
30 cl de lait
1 grosse pincée d'épices à pain d'épice (mélange vendu dans les épiceries fines)
1 cuil. à soupe d'huile
1 pincée de sel - 3 œufs
1 cuil. à soupe de sucre en poudre
45 g de beurre fondu

Pour la garniture

75 cl de lait - 90 g de farine
90 g de sucre - 3 œufs
3 pomme golden
6 tranches de bon pain d'épice artisanal
45 g de beurre

Préparez les crêpes. Une heure avant, versez dans un saladier la crème, l'huile et le lait. Fouettez l'ensemble. Dans une jatte, mélangez la farine, le sel, les épices et le sucre, puis creusez un puits. Ajoutez les œufs battus et la préparation liquide petit à petit. Mélangez bien afin d'obtenir une pâte sans grumeaux. Dans une poêle posée sur feu vif, versez un peu de beurre fondu, puis une louche de pâte qui va en recouvrir le fond. Laissez la crêpe cuire 2 ou 3 minutes, puis retournez-la et faites-la cuire autant de l'autre côté. Réalisez vos autres crêpes de la même manière.

Préparez la garniture. Versez le lait dans une casserole et portez-le à ébullition. Pendant ce temps, mélangez les œufs et le sucre dans un saladier pendant 2 minutes à l'aide d'un fouet. Versez la farine et mélangez encore jusqu'à l'obtention d'un mélange homogène. Versez alors le lait dans le saladier, sans cesser de mélanger. Remettez le mélange dans la casserole et laissez épaissir à feu moyen, sans cesser de tourner, ce qui prendra 5 minutes. Retirez du feu et laissez refroidir.

Pelez les pommes et coupez-les en cubes. Coupez les tranches de pain d'épice en dés. Faites fondre le beurre dans une sauteuse et faites-y dorer les cubes de pommes et les croûtons de pain d'épice.

Garnissez vos crêpes du mélange refroidi, ajoutez les cubes de pommes et les croûtons de pain d'épice. Roulez vos crêpes et dégustez-les sans attendre.

VARIANTE
En saison, remplacez les pommes par des mirabelles.

TRUC DE CUISINIER
Si des grumeaux subsistent dans votre préparation, passez-la au mixeur plongeant.

CRÊPES COCO, BANANE ET CHOCO-NOISETTES

bon marché
facile à réaliser
pour 6 personnes
préparation : 15 min - cuisson : 5 min

USTENSILES

1 poêle
1 couteau

INGRÉDIENTS

6 crêpes au lait de coco
3 bananes
6 cuil. à soupe de pâte à tartiner à la noisette
100 g d'amandes effilées
50 g de beurre
2 cuil. à soupe de sucre en poudre

Pelez les bananes et coupez-les en rondelles.

Posez une poêle sur feu moyen et faites-y fondre le beurre. Faites revenir les rondelles de bananes pendant 5 minutes après les avoir saupoudrées de sucre en poudre.

Garnissez vos crêpes de pâte à tartiner, de rondelles de bananes et d'amandes effilées.

Roulez-les en forme de gros cigare et dégustez-les sans attendre.

VARIANTE

Pour apporter un peu de fraîcheur, ajoutez un peu de menthe fraîche à votre garniture.

TRUC DE CUISINIER

Faites colorer à sec et dans une poêle les amandes effilées, pendant 1 minute environ.

CRÊPES POMMES, CANNELLE, RAISINS ET NOIX

bon marché
facile à réaliser
pour 6 personnes
préparation : 15 min - cuisson : 25 min

USTENSILES

2 poêles
1 couteau
1 couteau Économe

INGRÉDIENTS

6 grandes crêpes de froment sucrées
6 pommes golden
6 cuil. de sucre en poudre
150 g de beurre
100 g de raisins secs
100 g de cerneaux de noix
5 cl de rhum

Pelez les pommes. Ouvrez-les en deux. Épépinez-les et coupez chacune des moitiés en dés.

Posez une poêle sur feu moyen et faites-y fondre 50 g de beurre. Faites revenir les dés de pommes pendant 5 à 10 minutes après les avoir saupoudrés de sucre. Ajoutez les raisins secs et les noix et arrosez de rhum. Laissez le rhum s'évaporer avant de retirer du feu.

Faites fondre du beurre dans une poêle posée sur feu moyen. Dépliez la crêpe et déposez-la dans la poêle. Garnissez d'un peu du mélange précédent. Comptez 3 minutes de cuisson, puis repliez la crêpe en forme de demi-cercle.

Servez immédiatement. Répétez l'opération pour les autres crêpes.

VARIANTE

Pour apporter un peu de fraîcheur à votre garniture, ajoutez un peu de menthe fraîche ciselée.

TRUC DE CUISINIER

Dégustez avec une boule de glace rhum/raisins.

PALETS BRETONS

bon marché
facile à réaliser
pour 12 à 15 palets
préparation : 15 min - repos : 30 min
cuisson : 10 min

USTENSILES

1 jatte
film alimentaire
1 rouleau à pâtisserie
1 plaque de cuisson
6 cercles de 4 cm de diamètre
ou 1 moule à palets en silicone

INGRÉDIENTS

225 g de beurre
300 g de farine
1 sachet de levure chimique
1/2 cuil. à café de sel
200 g de sucre
3 jaunes d'œufs

Mélangez la farine, la levure chimique, le sucre et le sel. Ajoutez le beurre coupé en dés. Du bout des doigts, sablez la pâte afin d'obtenir un sable grossier.

Sur le plan de travail, déposez la pâte et formez un puits, versez les jaunes d'œufs battus au centre et intégrez-les petit à petit. Formez une boule de pâte homogène. Filmez la pâte, aplatissez-la et laissez-la reposer au réfrigérateur 30 minutes.

Préchauffez le four à 180 °C (th. 6). Étalez la pâte sur une épaisseur de 7 mm. Avec les cercles, découpez des palets. Placez les palets avec les cercles sur la plaque de cuisson. Faites cuire 10 minutes. Lorsque les palets ont gonflé puis sont redescendus, ils sont cuits.

Démoulez les palets précautionneusement sur une grille et répétez l'opération jusqu'à épuisement de la pâte.

VARIANTE

Vous pouvez utiliser du beurre demi-sel si vous les aimez bien salés.

TRUC DE PÂTISSIER

Si vous n'avez pas de cercles à gâteaux, vous trouverez des moules en silicone en forme de palets, mais ils sont un peu moins profonds, alors ne les remplissez qu'à moitié.

bon marché
facile à réaliser
pour 20 palmiers
préparation : 10 min
cuisson : 10 à 15 min

bon marché
facile à réaliser
pour 6 pailles
préparation : 10 min
cuisson : 10 à 15 min

MINI-PALMIERS

PAILLES À LA FRAMBOISE

USTENSILES 1 rouleau à pâtisserie • 1 plaque de cuisson • 1 spatule INGRÉDIENTS bloc de 250 g de pâte feuilletée surgelée • 100 g de sucre cristal

Préchauffez le four à 220 °C (th. 7-8). Parsemez le plan de travail de sucre cristal. Allongez la pâte décongelée au rouleau sur le sucre cristal en conservant une forme rectangulaire et d'une épaisseur de 4 mm environ. Parsemez à nouveau la pâte de sucre cristal des 2 côtés. Mesurez la largeur et divisez-la en 4, n'hésitez pas à faire des marques avec un couteau. Repliez les deux parties extérieures sur elles-mêmes.

Parsemez de nouveau de sucre et repliez vers le centre conjointement. Repliez les 2 parties l'une sur l'autre comme un portefeuille. Coupez des tranches de pâte d'1 cm d'épaisseur. Disposez les palmiers, côté tranché vers le haut, sur la plaque de cuisson. Appuyez un peu avec votre doigt sur chacun des palmiers. Faites cuire 10 à 15 minutes. Retournez les palmiers à mi-cuisson avec une spatule.

USTENSILES 1 bol • 1 pinceau • 1 rouleau à pâtisserie • 1 plaque de cuisson INGRÉDIENTS 1 bloc de 250 g de pâte feuilletée surgelée • 50 g de sucre cristal • 50 g de confiture de framboises • 1 œuf

Préchauffez le four à 220 °C (th. 7-8). Allongez la pâte décongelée sur le sucre cristal sur une épaisseur de 5 mm en conservant la forme rectangulaire.

Découpez la pâte en 4 bandes de même largeur. Battez l'œuf en omelette et badigeonnez-en le dessus de chaque bande. Superposez les 4 bandes les unes sur les autres. Appuyez bien pour sceller les bandes entre elles. Coupez des tranches de pâte d'1 cm d'épaisseur. Déposez-les face tranchée vers le haut sur la plaque de cuisson. Espacez-les bien. Faites cuire 10 à 15 minutes. Laissez refroidir sur une grille. Collez 2 pailles entre elles avec un peu de confiture de framboises.

LUNETTES À LA CONFITURE

bon marché
facile à réaliser
pour 6 lunettes
préparation : 15 min - repos : 30 min
cuisson : 10 min

USTENSILES

1 jatte - 1 bol

1 emporte-pièce cannelé en forme de lunette de 10 à 12 cm

1 emporte-pièce rond d'1,5 cm de diamètre

1 tamis

film alimentaire

1 rouleau à pâtisserie

1 plaque de cuisson

INGRÉDIENTS

250 g de farine

1/2 cuil. à café de levure chimique

125 g de beurre

125 g de sucre glace

1 œuf

1 pincée de sel

1/2 cuil. à café d'extrait de vanille liquide

Pour la décoration :

100 g de sucre glace

200 g de confiture (cerises, groseilles, framboises, myrtilles, etc.)

Mélangez la farine, la levure chimique, le sel et le sucre glace. Tamisez l'ensemble. Ajoutez le beurre en dés. Sablez l'ensemble du bout des doigts pour obtenir un sable grossier. Battez l'œuf en omelette.

Faites un puits au milieu de la farine, mettez-y la moitié de l'œuf battu et l'extrait de vanille. Mélangez petit à petit la pâte et formez une boule homogène. Aplatissez légèrement la pâte, filmez-la et laissez-la reposer au frais 30 minutes.

Préchauffez le four à 160 °C (th. 5). Étalez la pâte sur 5 mm d'épaisseur. À l'aide de l'emporte-pièce, découpez 12 lunettes. Sur la moitié des lunettes, découpez également 2 trous pour figurer les yeux. Placez les lunettes sur la plaque de cuisson légèrement beurrée et farinée. Faites cuire 10 minutes jusqu'à ce qu'elles dorent.

Retirez du four et laissez refroidir complètement. Sur les lunettes non trouées, tartinez de la confiture. Saupoudrez les lunettes trouées de sucre glace et placez-les sur les autres.

VARIANTE

N'hésitez pas à tester ces lunettes avec toutes les confitures que vous pourrez faire en pleine saison de récolte, cela évitera de lasser vos petits !

TRUC DE PÂTISSIER

Pour que le sucre glace tienne bien, il faut que les biscuits soient complètements froids, sinon vous risquez de le faire fondre.

bon marché
facile à réaliser
pour 25 langues de chat
préparation : 10 min - cuisson : 15 min

LANGUES DE CHAT

USTENSILES

1 jatte
1 tamis
1 fouet
1 poche et 1 douille de 6-7 mm de diamètre
1 plaque de cuisson
1 petite spatule

INGRÉDIENTS

95 g de beurre mou
125 g de sucre glace
125 g de farine
3 gros blancs d'œufs

Travaillez le beurre mou en pommade avec un fouet. Tamisez le sucre glace et la farine et ajoutez-les au beurre avec les blancs d'œufs. Mélangez bien.

Préchauffez le four à 180 °C (th. 6). Remplissez une poche à douille avec la crème. Sur une plaque de cuisson, déposez des bâtonnets de pâte de 5 cm de long bien espacés les uns des autres.

Faites cuire les langues de chat 15 minutes jusqu'à ce qu'elles soient bien dorées.

Décollez-les avec une petite spatule et laissez-les refroidir sur une grille.

VARIANTE

Les gourmands pourront faire des langues de chat bigoût, en trempant les biscuits dans du chocolat noir ou au lait fondu au bain-marie.

TRUC DE PÂTISSIER

Si vous n'avez pas de poche à douille, utilisez un sac de congélation que vous couperez dans un angle.

BRIOCHES AU NUTELLA®

bon marché
facile à réaliser
pour 8 brioches
préparation : 40 min - repos : 3 h
cuisson : 40 min

USTENSILES

1 grand saladier
1 rouleau à pâtisserie
moules à brioches

INGRÉDIENTS

250 g de farine
100 g de NUTELLA®
80 g de beurre
40 g de sucre
2 œufs
10 g de levure
de boulanger
3 cuil. à soupe de lait entier
2 pincées de sel

Dans un grand saladier, commencez par délier la levure dans le lait chaud. Ajoutez la farine, le sel, le sucre et les œufs. Mélangez et pétrissez pendant 5 minutes. La pâte étant collante, intégrez le beurre et continuez à pétrir : étirez et écrasez la pâte jusqu'à ce qu'elle ne colle plus au saladier. Au bout de 15 à 20 minutes, si elle est toujours très collante, ajoutez petit à petit un peu de farine.

Laissez reposer 2 heures sous un torchon humide. Pétrissez de nouveau la pâte. Séparez-la en 8 pâtons, étalez-les et répartissez le NUTELLA® au centre de chacun d'eux en un long boudin. Roulez la pâte afin qu'elle le recouvre bien.

Laissez à nouveau reposer 1 heure, le temps que la pâte double de volume, avant d'enfourner pour 35 à 40 minutes à 180 °C (th. 6). La pâte doit dorer et gonfler.

Sortez les brioches du four et laissez refroidir.

TRUC DE CUISINIER

Vous pouvez ajouter le NUTELLA® directement dans la pâte. Vous pouvez aussi dorer les brioches au jaune d'œuf.

PALMIERS AU NUTELLA®

bon marché
facile à réaliser
pour 20 palmiers
préparation : **20 min** - cuisson : **15 min**
repos : **1 h**

100
GOÛTERS

USTENSILES

1 rouleau à pâtisserie
2 casseroles
1 plaque de cuisson
papier sulfurisé

INGRÉDIENTS

150 g de NUTELLA®
500 g de pâte feuilletée
3 cuil. à soupe
de cassonade
farine

Étalez la pâte feuilletée en un carré de 2 mm d'épaisseur. Faites fondre au bain-marie le NUTELLA® et étalez-le sur la pâte jusqu'à 3 cm du bord.

Saupoudrez de cassonade et roulez chaque côté vers le centre de façon à obtenir une pâte à 2 boudins. Laissez reposer 1 heure au réfrigérateur.

Préchauffez le four à 180 ° (th. 6). À l'aide d'un couteau légèrement fariné, découpez la pâte en tranches d'1/2 cm d'épaisseur. Posez-les sur une plaque de cuisson garnie de papier sulfurisé.

Enfournez pour 8 minutes. Retournez délicatement les palmiers et laissez cuire encore 6 à 8 minutes. Les palmiers doivent être bien dorés.

VARIANTE

Mélangez à la cassonade les graines d'une gousse de vanille et, pour rehausser le goût de noisette, ajoutez aussi une cuillerée à soupe de poudre de noisettes.

TRUC DE CUISINIER

Habituellement, les pâtissiers utilisent les chutes et les restes de pâte feuilletée pour confectionner les palmiers, ce qui leur permet de ne pas avoir de perte.

bon marché
facile à réaliser
pour 10 muffins
préparation : 15 min - cuisson : 20 min

bon marché
facile à réaliser
pour 10 cupcakes
préparation : 25 min - cuisson : 15 min

MUFFINS AU NUTELLA®

USTENSILES 1 batteur électrique • 1 saladier • moules à muffins en silicone INGRÉDIENTS 8 cuil. à café de NUTELLA® • 1 œuf • 20 cl de lait entier • 250 g de farine • 60 g de cassonade • 100 g de beurre pommade • 1 sachet de levure chimique • 1 pincée de sel

Séparez le blanc du jaune d'œuf. À l'aide d'un batteur électrique, montez le blanc en neige très ferme avec le sel.

Dans un saladier, fouettez ensemble le lait et le jaune d'œuf. Ajoutez, sans cesser de mélanger, la farine, la levure, la cassonade, puis le beurre.

Préchauffez le four à 190 °C (th. 6-7). Incorporez délicatement à la pâte le blanc en neige. Versez la moitié de la pâte dans des moules graissés, ajoutez 1 cuillerée à café de NUTELLA®, recouvrez de pâte et enfournez pour 20 minutes. La pâte doit dorer et gonfler.

Sortez les muffins du four et laissez-les tiédir avant de les démouler.

CUPCAKES AU NUTELLA®

USTENSILES 1 batteur électrique • 1 saladier • 1 spatule • caissettes en papier ou moules en silicone INGRÉDIENTS 2 œufs • 100 g de sucre en poudre • 150 g de beurre ramolli • 150 g de farine • 1 cuil. à soupe de crème fraîche épaisse • 100 g de NUTELLA® • 1/2 sachet de levure chimique • 1 pincée de sel

Séparez les blancs des jaunes d'œufs. À l'aide d'un batteur électrique, montez les blancs en neige très ferme avec 25 g de sucre et le sel. Dans un saladier, fouettez les jaunes avec le reste du sucre, jusqu'à ce que le mélange blanchisse fortement. Ajoutez le beurre, la farine et la levure. La pâte doit être épaisse. Prélevez la moitié des blancs en neige et mélangez-les vigoureusement à la pâte afin de la détendre. Versez le reste des blancs en neige et la crème, mélangez pour bien homogénéiser le tout. Répartissez la pâte dans des caissettes ou des moules jusqu'à mi-hauteur et enfournez pour 15 minutes de cuisson à 190 °C (th. 6-7).

Les cupcakes sont cuits lorsque la pointe d'un couteau enfoncée à cœur en ressort humide mais propre. Laissez-les tiédir hors du four quelques minutes avant de les démouler. Laissez ensuite bien refroidir. Pendant ce temps, faites fondre le NUTELLA® au bain-marie avant de l'étaler sur les cupcakes à l'aide d'une spatule ou d'une poche à pâtisserie.

USTENSILES

1 casserole
1 bol
1 saladier
1 gaufrier

INGRÉDIENTS

Pour les gaufres

75 g de brisures
de marrons glacés
250 g de farine
25 cl de lait frais entier
3 œufs
100 g de beurre fondu
12 g de levure de boulanger
15 g de sucre
1 gousse de vanille
1 pincée de sel

Pour la chantilly

15 cl de crème liquide
50 g de NUTELLA®
1 c. à s. de sucre glace

GAUFRES AU NUTELLA®
ET MARRONS GLACÉS

Dans une casserole, mettez la crème, le NUTELLA® et le sucre glace. Mélangez sur feu doux jusqu'à ce que vous obteniez une crème homogène. Laissez reposer au réfrigérateur pendant 1 heure. Juste avant de servir, montez en chantilly épaisse, à l'aide d'un batteur, la crème au NUTELLA®.

Coupez la gousse de vanille en 2. Retirez les graines se trouvant à l'intérieur à l'aide de la pointe d'un couteau et mélangez-les au sucre.

Mélangez la levure avec le sucre et le lait. Battez les œufs en omelette. Dans un saladier, versez la farine, le sel, puis, sans cesser de fouetter, le lait tiédi et les œufs. Ajoutez enfin le beurre fondu. Liez et laissez reposer pendant 1 heure.

Fouettez de nouveau la pâte après avoir ajouté les brisures de marrons. Graissez le gaufrier pour chaque gaufre. Versez une petite louche de pâte, refermez le gaufrier et laissez cuire jusqu'à ce qu'il n'y ait presque plus de volutes de vapeur qui s'échappent. Comptez 3 à 4 minutes de cuisson environ par gaufre. Servez-les avec la chantilly au NUTELLA®.

TRUC DE CUISINIER

Entre chaque cuisson de gaufre, n'hésitez pas à légèrement graisser votre gaufrier.

bon marché
facile à réaliser
pour 20 financiers
préparation : 20 min - cuisson : 25 min

bon marché
facile à réaliser
pour 15 madeleines
préparation : 20 min - cuisson : 10 min

FINANCIERS AU NUTELLA®

MADELEINES AU NUTELLA®

USTENSILES 1 batteur électrique • 1 casserole • 1 saladier • 1 spatule • moules à financiers en silicone INGRÉDIENTS 6 blancs d'œufs • 200 g de beurre • 200 g de sucre en poudre • 175 g de poudre d'amandes • NUTELLA® • 75 g de farine • 1 pincée de sel

À l'aide d'un batteur électrique, montez les blancs d'œufs en neige très ferme avec le sel. Dans une casserole, sur feu moyen, laissez cuire le beurre quelques minutes afin qu'il prenne une belle couleur blonde et qu'il ne mousse plus.

Dans un grand saladier, mélangez le sucre, la poudre d'amandes et la farine. Homogénéisez bien le tout. Ajoutez à la pâte les œufs en neige et le beurre noisette. Incorporez le tout délicatement à l'aide d'une spatule.

Versez la pâte dans des moules graissés, jusqu'aux 2/3. Ajoutez 1 noix de NUTELLA® au centre et enfournez pour 20 minutes de cuisson à 190 °C (th. 6-7). Les gâteaux sont cuits lorsque la pointe d'un couteau enfoncée à cœur en ressort humide mais propre. Laissez tiédir hors du four quelques minutes avant de démouler.

USTENSILES 2 bols • 1 batteur électrique • moules à madeleines INGRÉDIENTS 2 œufs • 140 g de beurre à température ambiante + 15 g pour les moules • 140 g de sucre semoule • 100 g de farine • 100 g de NUTELLA® • 1 pincée de sel

Séparez les blancs des jaunes d'œufs et montez les blancs en neige. Fouettez le beurre et le sucre afin d'obtenir un mélange homogène. Ajoutez la farine, les jaunes, le sel, et mélangez délicatement le tout avec les blancs.

Graissez légèrement des moules à madeleines et versez 2 cuillerées à soupe de pâte au centre. Posez par-dessus 1/2 cuillerée à café de NUTELLA® et couvrez de pâte sans dépasser la hauteur des empreintes, car les madeleines vont gonfler à la cuisson et risqueraient de déborder. Enfournez pour 10 minutes à 190 °C (th. 6-7). Les madeleines doivent être dorées et gonflées. Laissez-les tiédir avant de les démouler et de les faire sécher sur une grille.

INDEX

INFOS MESURES

	FARINE	SUCRE	LIQUEUR	FÉCULE	VIN / EAU
1 cuil. à café rase 1 teaspoon (tsp)	5 g	6 g	0,5 cl un trait	5 g	0,5 cl
1 cuil. à soupe rase 1 tablespoon (TBSP) / ½ oz	15 g	20 g	1,5 cl	15 g	1,5 cl

MESURES MÉTRIQUES	MESURES IMPÉRIALES	THERMOSTATS	DEGRÉS CELSIUS	DEGRÉS FAHRENHEIT
Poids		th. 1	30 °C	85 °F
30 g	1 once	th. 2	60 °C	140 °F
115 g	1/4 lb	th. 3	90 °C	195 °F
150 g	1/3 lb	th. 4	120 °C	250 °F
225 g	1/2 lb	th. 5	150 °C	300 °F
340 g	3/4 lb	th. 6	180 °C	355 °F
455 g	1 lb	th. 7	210 °C	410 °F
		th. 8	240 °C	465 °F
Riz - 210 g	1 tasse	th. 9	270 °C	520 °F
Farine - 115 g	1 tasse	th.10	300 °C	570 °F
Sucre - 225 g	1 tasse			

CAPACITÉS

1 ml	16 gouttes	150 ml	2/3 de tasse
5 ml	1 cuillère à café	175 ml	3/4 de tasse
15 ml	1 cuillère à soupe	200 ml	4/5 de tasse
50 ml	1/4 de tasse	250 ml	1 tasse
75 ml	1/3 de tasse	500 ml	2 tasses
125 ml	1/2 tasse		